SILVIO PELLICO

LA MARQUISE DE BAROL.

POESIE INEDITE
A GIULIA FALLETI DI BAROLO
CONSERVATE NELL'ARCHIVIO STORICO
DEL COMUNE DI SALUZZO

STUDIO CRITICO DI CRISTINA CONTILLI

IN APPENDICE LA RIPRODUZIONE
FOTOGRAFICA DEI MANOSCRITTI

Lulu.com
3101 Hillsborough Street
Raleigh, NC 27607
USA

Printed in 2015

Silvio Pellico in un cdv photo

anonimo risalente al 1852.

IL RAPPORTO DEL PELLICO
CON LA BAROLO TRA AMICIZIA,
STIMA E TACITO AMORE...

Nel testamento redatto pochi giorni prima di morire nel gennaio del 1854 Pellico definisce la marchesa Giulia Falletti Di Barolo "venerata ed amata" e non si può negare che Pellico si sentisse grato ai coniugi Barolo che nel 1834 gli avevano offerto un impiego o meglio una sorta di pensione / vitalizio in cambio di una sua collaborazione a tutto campo: nel corso degli anni, infatti, Pellico aveva tenuto i conti delle sale d'asilo per bambini poveri ospitate a palazzo Barolo, riordinato i libri e la collezione di autografi dei Barolo e scritto molte lettere soprattutto per Giulia come segretario personale (per esempio io ho rintracciato e trascritto alcune lettere in francese destinate al fratello della marchesa in cui si parla di una possibile vendita di parte dei terreni appartenenti alla famiglia Colbert).

In cambio di questa disponibilità del Pellico a svolgere mansioni più qualificate, ma anche compiti piuttosto modesti, lo scrittore aveva goduto nel corso degli anni dell'amicizia e della stima dei Barolo e in particolare di Giulia che dopo la morte del marito aveva continuato le sue attività caritatevoli e amministrato in modo generoso, ma razionale l'eredità lasciatele dal marito.

Per Pellico dunque la Barolo è dopo molti anni di stretta collaborazione una donna "venerata" perché da ammirare per il suo attivismo benefico, ma anche "amata", parola più ambigua e di difficile interpretazione, anche considerando che all'epoca il verbo amore si usava con un'estensione più ampia rispetto a come si fa attualmente, "amata" resta una parola forte, soprattutto dopo che due anni prima si era diffusa la falsa notizia di un matrimonio segreto celebrato a Roma tra la Barolo e il Pellico.

La correttezza e il rispetto del Pellico per la Barolo è testimoniata tuttavia dal fatto che, se nel 1833 Giulia poteva ancora essere Giulietta o Juliette in alcune lettere dello scrittore al nobile piemontese Pietro Di Santarosa, dopo il 1834 Giulia diventa la "signora marchesa" la mia "padrona" o "benefattrice" e Pellico non la chiama più per nome neppure nelle lettere al fratello Luigi o ad amici stretti come Pietro Borsieri e Federico Confalonieri.

A cogliere nel vero era stata io credo nel 1833 una signorina inglese coetanea del Pellico (era nata, infatti, nel 1790) che aveva vissuto per un periodo a palazzo Barolo come amica e quasi si potrebbe dire "dama di compagnia" di Giulia, Henriette Churchill.

Henriette scrive, infatti, alla cugina Marianna (moglie dello scrittore cattolico francese Alphonse Lamartine a sua volta amico di Giulia) nel 1833 la seguente lettera:

Cara Marianna, ho finalmente conosciuto il famoso Pellico di cui tutti parlano qui a Torino dopo il successo del suo libro di Memorie, come tutte le donne che hanno sognato leggendo la Francesca da Rimini, lo immaginavo simile al Paolo della sua tragedia e invece mi sono trovata di fronte un uomo vestito di scuro, più basso di statura di me e con due occhi tra l'azzurro e il grigio, nascosti da un paio di occhiali. Puoi immaginare la mia delusione, ma avendo avuto l'occasione di rivederlo nel salotto della Barolo ho compreso che Pellico è sì Paolo, non però di aspetto, ma di temperamento poiché come Paolo lo credo capace di essere timido e ostinato quando si innamora di una donna, ma qui a Torino si congettura inutilmente su chi sia la donna a cui appartiene il suo cuore: qualcuno sussurra che sia la grande attrice Carlotta Marchionni che ha portato al successo tutte le sue tragedie, qualcun altro pensa invece a qualche donna milanese amata prima dell'arresto. Io temo tuttavia che siano errate entrambe le ipotesi o che se vere appartengano ormai al suo passato e che Pellico sia segretamente innamorato della Barolo. Questo giustificherebbe la sua ritrosia e la sua tenace riservatezza che gli ha fatto sopportare in silenzio tutte le congetture da salotto senza mai smentire o replicare. Tu non sai quanto vorrei, cara Marianna, essermi ingannata e aver visto un intero romanzo d'amore ove non v'è altro che amicizia, se invece ho visto più lontano di tutti i suoi amici torinesi, siamo destinati a soffrire in tre e senza poterci consolare a vicenda: io che iniziavo a provare una certa simpatia per il povero Pellico e sarei stata anche pronta non dico ad amarlo con gli slanci della giovinezza, ma ad essergli una buona compagna della fase più matura della vita in cui siamo entrambi avendo ormai superato i quarant'anni e a consolarlo per quanto possibile delle terribili sofferenze patite in carcere, la mia amica Giulia Barolo che ama sinceramente il marito e non potrà mai ricambiarlo e infine lo stesso Silvio che resterà solo negli anni a venire, reprimendo per ragioni morali i suoi veri sentimenti e accontentandosi dell'amicizia e della protezione che Giulia gli potrà offrire. Comprendi, carissima cugina, che, se davvero tutto questo dovesse avverarsi, io ho deciso che lascerò Torino e tornerò in Francia poiché non mi reggerebbe il cuore a fingere con un'amica come la Barolo e a nasconderle che senza alcuna colpa da parte sua siamo purtroppo divenute rivali in amore.

Ora ti lascio, cara Marianna, affidando alla tua sensibilità e alla tua discrezione queste mie confidenze che mi sono sforzata di scriverti in italiano poiché qui a Torino mi rimproverano spesso che, nonostante la mia lunga permanenza in Italia, non parlo né scrivo ancora bene in italiano e che non troverò mai un marito qui se continuo a mescolare nella mia conversazione inglese, francese e un po' di italiano.

Ti abbraccio di tutto cuore, la tua Henriette

Convinta di non avere alcuna possibilità di vedere ricambiati i propri sentimenti (dopo aver rinunciato a sposare l'attrice Gegia Marchionni per non dare un dispiacere ai propri genitori Pellico aveva accantonato probabilmente l'idea del matrimonio in sé e a smuoverlo da questa sua convinzione non bastavano certo le gentilezze di una matura signorina inglese o il pensiero di sistemarsi sposando una donna più benestante di lui) la Churchill si lasciò prima prendere dalla malinconia e dall'insofferenza (come si lamenta lo stesso Pellico in una lettera all'amica fiorentina Quirina Mocenni Magiotti) e poi pensò che l'unico modo per dimenticare le proprie pene d'amore e soprattutto il Pellico che non aveva mai intuito davvero la profondità dei suoi sentimenti fosse di allontanarsi da una città e da persone che percepiva come ormai incapaci di comprenderla, ma non tornò in Francia e si limitò nel 1834 a lasciare Torino per trasferirsi a Firenze.

Nell'archivio storico del comune di Saluzzo sono conservati molti manoscritti del Pellico donati al comune da Giuseppina sorella della scrittore che non fece una selezione tra opere letterarie, appunti di lezioni in francese, trascrizioni di documenti destinati alle pie opere della Barolo e persino conti annuali della piccola proprietà che la famiglia Pellico possedeva a Chieri. Non tutto quello che è dunque conservato in questo archivio ha un valore letterario, ma può avere lo stesso un valore storico o comunque essere utile alla ricostruzione della vita del Pellico e di chi lo circondava.

Tra questi documenti che non hanno valenza letteraria, ma storica si inseriscono anche alcuni componimenti poetici d'occasione composti dal Pellico per Giulia Barolo.

Di questi l'unico finito e privo di correzioni, quindi, si potrebbe pensare, destinato inizialmente alla pubblicazione, è una cantica, intitolata "Il ritorno alla vita" che racconta la guarigione di Giulia da una malattia che aveva messo in ansia i suoi cari e in particolare il marito Tancredi.

In piccolo su un lato del foglio c'è un'indicazione poco leggibile a cause di alcune macchie d'umidità scritta da una mano diversa da quella del Pellico, probabilmente la mano della stessa Giuseppina in cui la composizione della poesia viene datata al 1832, una data che spiegherebbe l'incipit della cantica che inizia con i versi *La Donna ne' miei canti innominata*. Effettivamente

Pellico aveva conosciuto la Barolo nell'autunno del 1832 e la prima opera in cui la nomina esplicitamente è la dedica della tragedia *Tommaso Moro*, composta, pubblicata e rappresentata nel 1833 quindi la Barolo era ancora nel 1832 una donna ignota per i lettori dei versi del Pellico e lo scrittore stesso poteva dire di conoscerla da poco, anche se questa poesia rivela che ammirava già le sue qualità umane e morali.

Altri due componimenti allo stato di abbozzo pieni di cancellature e correzioni sono invece due poesie composte sì dal Pellico, ma immaginate come un ringraziamento delle Maddalene (le ex carcerate che decidevano di farsi suore nell'istituto religioso fondato da Giulia e dal marito) alla loro "Madre" e "Benefattrice".

Uno di questi componimenti presenta in alto tra parentesi la data 1853 un periodo difficile per Giulia a cui era stata tolta dopo la rivoluzione del 1848 la gestione del carcere femminile di Torino e che aveva subito anche attacchi personali nei salotti e sulle riviste dell'epoca per le sue idee politiche conservatrici anche da parte di chi aveva beneficiato nel corso degli anni del suo aiuto.

Dal contenuto la poesia appare composta per l'onomastico della Barolo che cadeva il 22 maggio, giorno di Santa Giulia, una martire cristiana del V secolo. Considerando che Pellico è morto il 31 gennaio del 1854 e che le sue condizioni di salute erano già compromesse da diversi anni a causa di una malattia ai polmoni (all'asma di cui Pellico soffriva fin da bambino si era aggiunta probabilmente o la tubercolosi o la pleurite, anche se le diagnosi mediche dell'800 non permettono di stabilirlo con certezza), questo testo potrebbe essere l'ultima poesia composta dallo scrittore, una poesia che gli era costata fatica e ripensamenti perché è piena di cancellature e correzioni e dai numeri scritti di lato ad ogni ottava si comprende anche che Pellico non ha composto in sequenza le varie strofe, ma l'ha composte in ordine sparso ed è tornato più volte sugli stessi versi, la terza strofa presenta per esempio ben quattro stesure, molto diverse l'una dall'altra.

*Un'edizione francese delle cantiche
storiche del Pellico.*

LE FOTO DEI MANOSCRITTI

Dolce de' nostri cantici,
Madre, tu sei soggetto,
Di Giulia il nome eletto
Godiam di festeggiar:

Qual fu nostra mestizia
Quand'era in altre sponde
Or ritorniam giocorde
I cuori a dilatar.

A' piè di nostra amabile
Benefattrice siamo,
Sei qui, ti rimiriamo,
A noi t'ha reso il Ciel.

Tuoi sguardi ci ravvivano
Tua fervida parola
Ci scuote, ti consola,
Ci da speranza e fe'.

Ah! troppo amaro è
Senza Giulietta quanto per te tue
Da te lontane: allora
Ciascuna s'addolora.

Inquietati per te
Tu sei la nostra fiaccola,
Sei guida de' nostri passi

Or festeggiam di giubilo
Perché ci sei renduta
Dio che t'ha à noi renduta
A noi ti serberà.

Come onorare il nome
Di Madre sì eccellente?
Non basta esser contente
Non basta giubilar.

Ah! noi dobbiam proporci
Di farci ognor migliori,
D'accender nostri cuori
E ogni virtù ad amar.

Dobbiam di questa Madre
Liete seguir la via,
Condurci alla dessa
Al sempiterno ben.

Andiamo, andiam con essa
Non può ingannarci

Ascoltate, o fanciulli,
la voce di Gesù che vi dice:
Io sono l'amico vostro e
non desidero altro da voi
se non che
siate buoni affinché
io possa giustamente rendervi
felici.

Venite, o diletti fanciulli,
e provate quanta dolezza
io verso nel cuore di chi mi
ama. Sono state come
Voi fanciullo . Vostro amico
siete la mia delizia mia

Gesù amorosissimo, ricevi i cuori di questi diletti
fanciulli e fa che non si partano mai da te

Venite
A colui che solo può rendervi felici.

(1853) Deh! Signor, questa Donna che cotanto
    Fa benedire il nome tuo adorato,
Quest'amica de' poveri che il pianto
Su numerose ciglia ha rasciugato,
Questa pia che d'amabile compianto
Con fiducia e coraggio m'ha onorato,
Quest'Angiol di bontà che mi sostiene
Consola e traggi da eccessive pene.

    Intorno a lei riconoscenti cuori
A drappelli s'uniscon te pregando,
Che sovra il suo cammin tu sparga fiori
Le dolorose spine allontanando:
Ma sue virtù risvegliano i furori
Del Prence delle tenebre esecrando,
E il traditor cogli empi della terra
All'egregia tua Ancella movon guerra.

    Lo sappiamo, o gran Dio, che d'ogni affanno
Tu la compenserai nel Regno eterno:
Lo sappiam che le Croci splender fanno
Dell'anime più belle il pregio interno:

Lo sappiam che al suo cuor non fean danno
Le frodi de' satelliti d'inferno,
Ma noi l'amiam, noi veneriam che quelli
Qui di sua carità gli effetti ben sentì

17

4. O grande imitatrice del Signore
Il dissipato mondo appena alquanto
S'accorge di tue ~~lente~~ opre o amore
Mentre fra tanti gementi asciughi
~~lo~~ asciugare a sventurati il pianto
~~Crede foke di piacer ti esulti il core~~
~~Nor incipiente fora del tuo gentire~~
~~modo crede che~~
In quella vita di pietà e compianto
Non sa le spine sovra cui cammini
Di Gesù seguitando i piè divini.

3. Qual grazia mi fa Iddio che ~~ti~~ ~~appresso~~ mi concede
~~di~~ ~~Conoscer da vicin~~
~~Mi permette veder~~ la via che tieni
~~Il tuo esempio~~
~~La tua vista~~ in me la fede
Le forze ~~mie~~ tu vivifichi e sostieni
~~Segno da lungi~~ Non so elevarmi, inceppio il mio piede
~~Cattarne io l'impronte del tuo piede~~
Ma ~~splender~~ vedo i raggi tuoi sereni
Nelle tenebre mie tu sei la stella
Che al ~~cammino~~ sentier di salute ognor n'appella.

Vieppiù degna d'amor sei perchè soffri gusti
Fra tue ricchezze, povertà e dolori;
Vieppiù degna d'amor sei perchè ingiusti
~~incontri e perfidi livori~~
E r~~rare~~ ingratitudini e disgusti
Or Da chi non ~~ti~~ perdona i ~~suoi~~ tesori
~~Or Da chi~~ ~~perde~~ ~~ma coll'oro~~ ~~odio~~
~~Or Da chi~~ ~~non ti perdona~~
~~ha~~ ~~amico~~ ~~amore più~~ ~~abbandona~~
~~Or Da chi più~~ ~~minaccia~~ ~~d'abbandona.~~

Vieppiù degna d'amor sei perchè, cinta
Da indicibile ~~cause~~ di ~~smaglie~~, tormento
Ti turbi appena e poi sorridi e vinta
Mai non ~~t'abbatti~~ ~~in niun~~ combattimento
~~ma sempre del~~
~~E mai non~~ ~~retrocede~~ ~~d'amor sospinta~~
~~da~~ ~~novel~~ ~~cura~~ ~~vivente~~
~~Magnanimo ti doni a giurando~~
~~D'innocenti e colpevoli seguendo~~
~~L'orme di~~ ~~che ci salvò soffrendo~~

Il ritorno alla vita

—

Laetetur cor quaerentium Dominum
(B 104)

—

La Donna né miei canti innominata,
Ma benedetta da indivisa voce,
Quell'animata Ancella del Signore
Che d'ogni scopo eccelso innamorata
Splende negli atti, nel pensier, nel core,
Vedemmo di feroce
Infermità al piglio
Volger da noi l'illanguidito ciglio.

Era un mattino, e tacita movea
Bramosa di finir grande sventura:
Di carrice a gementi cure s'avvia,
Di anni di dolor venal rea
Mirar dovendo le legge e quella pia,
Che l propio nel cor cura;
Era un bel nido
. . . . l'albergo sopra i . . .

Da cote bolgie reduce al suo tetto,
la prostò come vittima il crescente,
Di febbri indarno combattute, assalto;
sì che regnò paura entro ogni petto,
Fuorché nel suo che, unanime coll'alto
Voler Onnipotente
S'apparecchiò da forte
All'orrenda anco a' Giusti ora di morte

    Emulator delle virtù di lei
Ma da spavento e dolci sensi oppresso
Piangea sull'egra il Conjuge suo degno:
" Tu necessaria, le dicea, mi sei,
" Tu di grazia superna a me sei pegno!
" Se non mi stai dappresso,
" Ahi! più non è chi spire
" Forza alla vita mia, forza al morire! "

Forza alla vita ed al morire è Dio!
Rispondea la valente Alma serena;
E all'angosciato Sposo e ad altri mesti
Apria di carità nobil desio,
Che in tutti noi raggiasser que' celesti
Conforto ond'era piena,
Mentre con grande amore
Il Crocefisso si stringea sul core.

Io vidi, io vidi quella pace! e mai
Spettacol non vid'io più venerando
Nè vidi fulger così bel sorriso,
Nè voce sì soave ungua ascoltai
Favellante di morte e paradiso,
Suonse allora quando
L'ultimo chieder essa
La Divina a morente Ostia concessa!

Ben col giubilo mio, Donna, si mesce
Pietà mirando il viver tuo risorto:
Già volata del Cielo appo le soglie
Certo a diritto ricalcar t'increbbe
Dell'esilio i pericoli e le doglie:
Duro, e chi tocca il porto,
È da invincibil nembo
Ir ribalzato a mille rischi in grembo.

Ma pio nocchier, da prove ingagliardito,
D'animo cresce al contrastar dell'onde,
E nel braccio Divin mette più speme
Che il salvi e tragga al negato lito:
Nei miseri che 'l mar solcano insieme
Lodevol gara infonde
Sì che ne' petti imbelli
S'innalzan di virtù sensi novelli

E se dopo conflitti valorosi
A pio duce ridean gioje di pace,
E repentini appalesarsi vede
Di novel battagliar uopi nascosti
Ne geme il prode, ma al dolor non cede;
All'alto cor ripiace
Render pugnando gloria,
Al Dio de' Giusti, al Dio della Vittoria.

De' fortissimi Giusti Egli è l'Iddio!
L'eccelsa Mente sua gode alla vista
Delle lotte magnanime e costanti:
Indi portò la Croce! indi patiò!
Indi a gravi certami appella i Santi!
Se ancor da te conquista
Non è l'ambita calma,
Un dì più bella afferrerai la palma!

_____

Pietro Pellini

BIBLIOGRAFIA ESSENZIALE

Della Barolo sono state pubblicate negli ultimi anni diverse biografie in parallelo con il progredire della causa di beatificazione sua e del marito Tancredi, la più recente e precisa può essere considerata quella pubblicata dalle Edizioni Paoline nel 2011, ma sono interessanti anche le biografie di Giovanni Zavatti del 2004 e di Simonetta Ronco del 2008 in cui si parla anche del rapporto di stima reciproca tra il Pellico e la Barolo.

Le lettere di Pellico a Pietro Di Santarosa tra cui una in cui accenna al fatto che la Churchill pur avendo notizie di Giulietta in viaggio per l'Italia con il marito non gliele dava sono state pubblicate nel 1915 nella Rivista Storica del Risorgimento i cui numeri sono stati di recente digitalizzati e sono scaricabili gratuitamente.

La lettera di Henriette Churchill alla cugina Marianna l'ho rintracciata di recente su ebay da un antiquario nel corso delle mie ricerche di lettere e autografi di personaggi del

Risorgimento. La data di nascita e altre notizie utili sulla Churchill sono presenti nell'edizione delle Lettere dello scrittore Alphonse Lamartine.

Le lettere del 1833/1834 in cui Pellico si lamenta delle false ipotesi su un suo possibile matrimonio, ma anche del carattere indeciso e "lamentoso" della Churchill sono contenute nella mia edizione critica delle lettere indirizzate dal Pellico alla Magiotti.

Dalle ricerche bibliografiche effettuate mi risulta che queste poesie non sono mai state pubblicate tranne uno stralcio de "Il ritorno alla vita" che io stessa avevo inserito nell'edizione dei "Versi d'amore" del Pellico, probabilmente a causa dello stato dei manoscritti, ma anche del loro limitato valore letterario. Considerando però che è in corso la causa di beatificazione dei marchesi Di Barolo credo che questi versi siano comunque interessanti da dare alle stampe per il loro valore storico.

Ritratto di Giulia Di Barolo tratto da:
http://it.wikipedia.org/wiki/Juliette_Colbert

Silvio Pellico